おいしい時間

高橋みどり

朝一番にすること

これは東京も黒磯も同じ。
まずは湯を沸かすという作業。
やかんからの湯気が
朝のはじまりの風景。

料理がある。器がある。
作って、食べて、味わって、感じて生まれるおいしい時間。

いつもの料理はシンプルだけど、
切り方、塩、火の入れ方で、味わいが違うおもしろさがある。
季節で変化する素材を味わうたのしさもある。

今日は、どんな器を使おうか。
この器だからおいしそう。
この器を使いたいから作る。
この器があるからたのしい。

一日の流れの中で軸となる食の時間、
その時間がおいしくたのしいときであることの大切さを思います。
60歳を過ぎて今のわたしが伝えたいこと。

目次

朝の時間

朝ごはんが基本

食べるということの、
生きるということのすべてのもとが
朝ごはんにあると思っている。
一日のはじまりの朝ごはんが気分よく食べられるということは、
精神的にも肉体的にもいい状態にあるからに違いない。
その日の気分にあった朝ごはんを作る。
ご飯なのかパンなのか、はたまたお粥なのか。
ご飯なら、整った気分で炊くお米はおいしいし、
余裕のない気分の日には焦げついたりする。
時間もなく慌ただしい日なら、トーストとゆで卵。
体の調子を整えたければ朝粥が一番。

食べないですますということは、
よっぽどの二日酔いの日でさえなければ考えられない。
ふりかえってみると、
人生で朝ごはんをぬいたことは10回もない。
むしろ朝ごはんを食べることが
今日一日のはじまりであり、
今日の自分を知るバロメーターにもなっている。
食事をし、洗濯をして軽く掃除をしていると、
どうやら腸もぐるぐると動きだし、
すっきりと体が整っていく。
こうした一連の動きが毎日のリズムを生みだしている。

朝ごはんの器

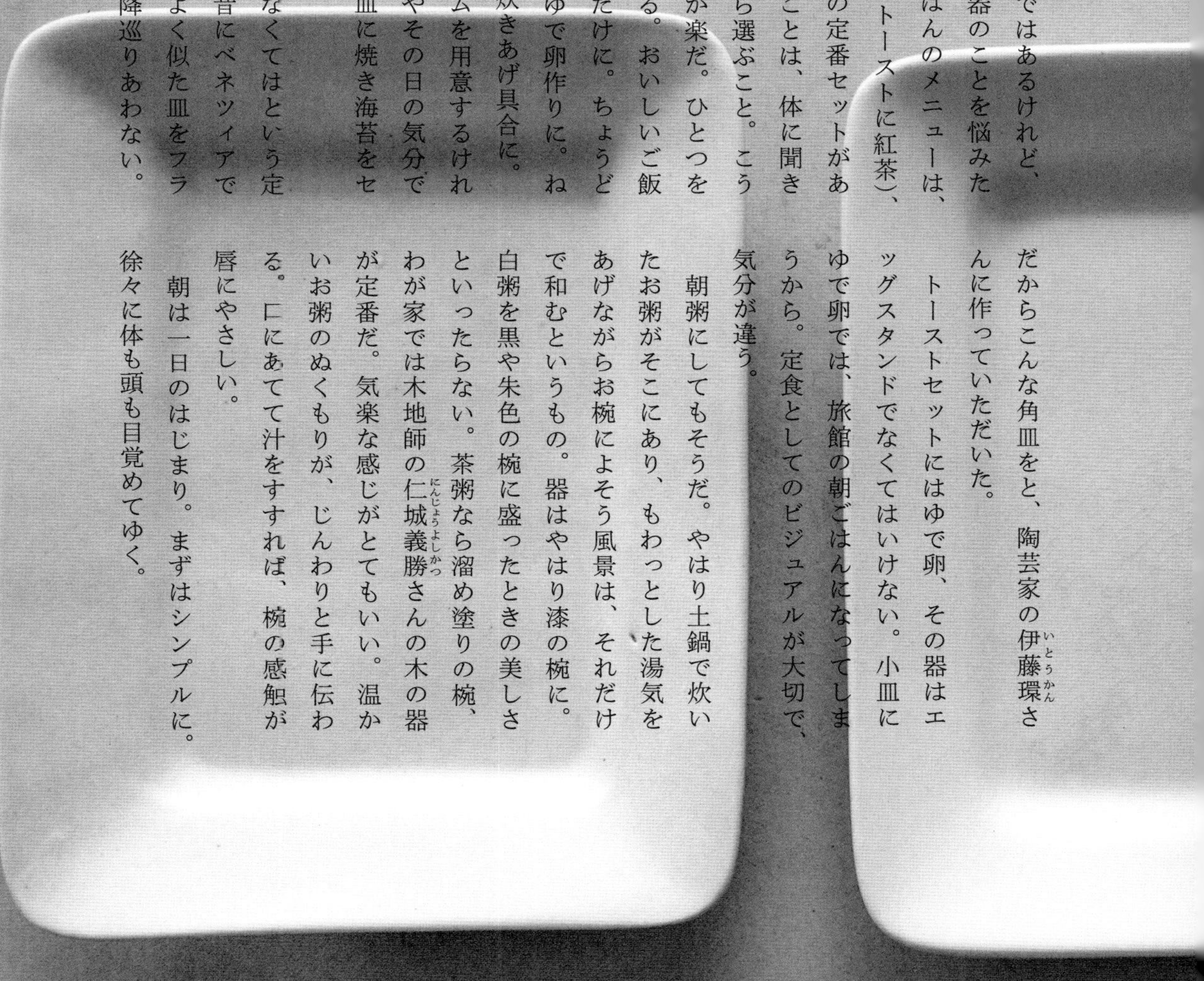

朝は目覚めのいいほうではあるけれど、それでも朝から献立やら器のことを悩みたくはない。だから、朝ごはんのメニューは、和（ご飯に味噌汁）、洋（トーストに紅茶）、粥の定食と決め、器も朝の定番セットがある。目覚めたときにすることは、体に聞きながら3択のメニューから選ぶこと。こうしておくとすごく気持ちが楽だ。ひとつを選べば、それに邁進できる。おいしいご飯を炊き、出汁をとることだけに。ちょうどいい食べごろのおいしいゆで卵作りに。ねっとりとおいしいお粥の炊きあげ具合に。

　器も基本は定番アイテムを用意するけれど、飯碗と汁椀は、季節やその日の気分で変える。最後に、縞の角皿に焼き海苔をセットしてできあがり。

　トーストには、これでなくてはという定番の角皿がある。はるか昔にベネツィアで買った白い皿。その後によく似た皿をフランスで買ったが、それ以降巡りあわない。だからこんな角皿をと、陶芸家の伊藤環《いとうかん》さんに作っていただいた。

　トーストセットにはゆで卵、その器はエッグスタンドでなくてはいけない。小皿にゆで卵では、旅館の朝ごはんになってしまうから。定食としてのビジュアルが大切で、気分が違う。

　朝粥にしてもそうだ。やはり土鍋で炊いたお粥がそこにあり、もわっとした湯気をあげながらお椀によそう風景は、それだけで和むというもの。器はやはり漆の椀に。白粥を黒や朱色の椀に盛ったときの美しさといったらない。茶粥なら溜め塗りの椀、わが家では木地師の仁城義勝《にんじょうよしかつ》さんの木の器が定番だ。気楽な感じがとてもいい。温かいお粥のぬくもりが、じんわりと手に伝わる。口にあてて汁をすすれば、椀の感触が唇にやさしい。

　朝は一日のはじまり。まずはシンプルに。徐々に体も頭も目覚めてゆく。

朝のお茶

朝はまず、お茶を飲むことからはじまる。主に国産紅茶の五月茶か、番茶を。鉄瓶でたっぷりの湯を沸かすのが朝の習慣。湯気の出ている鉄瓶の風景が朝の動き出しの合図。まだ静かな朝の時間に、シュルシュルと湯気が立ち上がり、すべてが動きはじめる気がする。

そんな鉄瓶は、さもこだわっているように見えるかもしれないけれど、実は最後まで残った湯を沸かす道具だった。数々のポットを空焚きしてしまったり、あげくにピーピーケトルにしたらうるさくて、気がついたらそこに鉄瓶があったというお恥ずかしい次第。しかしながら使い続けていくうちに、これでよかったじゃないかと満足している。

お茶を淹れる前に、ひと口白湯を飲む習慣がある。体もこのひと口から動き出す。

今日の気分は紅茶、長年飲み続けている五月茶は静岡の水車むらのもの。20年以上も前に、パン屋の「ルヴァン」で知って以来ずっと愛飲している。焙じ茶に近い味は、飽きることなく日に何度も飲める。パン食にはもちろん、ご飯にもいける。

大きめのブラウンベティポット（イギリスの紅茶用定番ポット）に茶さじ大盛り2杯、じんじんに沸いた湯を注ぎ、3～5分放置する。ポットコゼーもしないけれど、この放置する蒸らしの時間が実はとても大事。こっくりとおいしくはいるから。あえて放置というのは、そこでタイマーをかけるなんてことはせず、朝の動きの中でこれくらいの時間と、体で覚えておくぐらいでいい。

大きめのカップは、10年ほど前に求めた陶芸家・岡田直人さんのしのぎの白いもの。手はついていないストンとしたカップ、大きめだけれどしのぎの溝が手によくなじむ。白くぽってりとした釉薬はどこかデルフト焼のようで、いまや岡田さんの定番の雰囲気だ。ひと目見て気に入って、それ以来ずっと使い続けている。

わたしのカップは、いつかのチップした口元の欠けも、もはや危なくないくらいになじんでいて、夫のカップは、いつ割れて直されたのかも知らないけれど、大きな直しの痕が、かなりアンティークな風情となっている。好きで求めたものは大事にして、いい歳のとりかたをしてゆく。

一杯目の紅茶を飲みつつ朝ごはんの準備をし、洗濯のセット、床掃除をしたりする。ごはんができあがったら食卓につく。そのかたわらにはお茶がある。そして二杯目を注ぐ。ときにはそこからミルクティーをたのしむ。朝の仕事をすべて終えて、さて今日のやるべきことをノートに書き出し、頭の中を整理する。お茶の温度は徐々にぬるくなっているのだが、その変化もたのしむ。飲み終えたときが、朝の時間終了のサインでもある。

ご飯はずっと、鍋で炊いてきた

なによりも電気釜の存在が苦手だった。便利なのは十分にわかっているけれど、あのデザインや大きさが、自分の生活には合わなかった。それならば鍋で炊こうと思った。どんな鍋釜でも、おいしいご飯を炊けるってかっこいいなと思っていたし、料理下手という意識があったから、せめておいしいご飯とお味噌汁を作れることを目標にした。

　ひとり暮らしをはじめた頃には、フランスのクーザンスの鋳物鍋（直径18cm）でのご飯炊き。失敗を繰り返すうちにようやく生まれた我流のご飯炊きレシピは、硬めの炊きあがりが好みだから、お米と水は同量。米を研いで15分くらいざるにあげ、そのあと少し浸水してから強火で炊きはじめる。勢いよくふきはじめたら火を弱めて10分くらい炊く。あるいは、はじめからずっと弱火で15分くらい炊く。できあがりの決め手は音と匂い。職人みたいだけれど、30年も続けていると体でわかるようになる。そして火を止めて15分は蒸らす。これはとても重要な時間だ。

　わたしの場合、火の調子はこんなふう。途中心配なときには蓋を開けて様子を見る、食べてみる、かき混ぜてしまうこともある。艶がないときはできあがり寸前に水をさっと振り、蓋をして、また蒸らしたり。おいしくするためならば、どんな手でも使ってみる。結果おいしくなればよし。

　どんな鍋でもこんなふうに、おいしく仕上げることを目標にやっていると、面倒くさいというよりはとてもたのしい作業に思えてくる。もちろん、単純においしく炊きあがればこの上なくうれしいし、万が一の場合も挽回する手をもっていれば、その逆転劇がすこぶるたのしい。

　蓋を開けて、おいしい湯気とつやつやの炊きあがりのご飯。それだけでごちそうだと思う。

朝の味噌汁

ご飯炊きの鍋の横には、対の位置に味噌汁用の行平鍋（直径18㎝）が並んでいる。朝の味噌汁の出汁は煮干し。ときには前夜仕込んでおいた水出しの煮干し出汁のこともあるけれど、たいていはその日の朝にメニューを決めるから、煮干しの頭とはらわたをとって鍋に放り込み、水を加えて煮出すことが多い。具は、あるものをいろいろと混ぜて具沢山のときもあれば、フキノトウやみょうがのように、香りや歯触りをたのしみたいものは単品だけにする。具沢山のときにはあえて、煮干しは取り出さずに具として食べる。単品のときは取り出す。そんな小さな気づかいが、おいしさに繋がることも、長年のあいだに学んだ。

海外から帰ったとき、とても疲れたとき、寂しいとき、忙しいときに味噌汁を食べると、心身ともにほっとする。

お粥

お米から炊くお粥のおいしさに目覚めました。
お粥は土鍋で炊くとおいしさが違う。
味もしかり、見た目もしかり。
食卓に土鍋のお粥があがると
それだけで温かい気持ちになる。
いただくのは漆の椀で。
その様子は美しく、手に伝わる温もりと、
口に触るやさしい感じに癒される。

基本の白粥

好みで塩味を加えてもいいけれど、
私は後に梅干しや佃煮でいただくので、あえてしない。
まずはひと口食べて、お米からのお粥のおいしさを味わってもらいたい。

材料（2人分）

米	80g
水	800ml

米をさっと研ぎ、鍋に入れて水を加える。時間があれば20分ほど浸水させる。

蓋はしないで強火で炊きはじめる。はじめだけ鍋底に米がくっつかないようひと混ぜし、
あとはそのままで。アクはとる。

沸騰したら弱火にして20分ほど静かに炊く。様子をみてさらに弱火にし10分ほど炊く。

木べらで軽くかきまぜて火を止める。蓋をして5分蒸らす。

茶粥

茶粥はシンプルに塩味程度でいただくのもよし。

夏の暑い朝には、さっぱりとした茶粥もおいしい。

材料（2人分）
白粥の材料に、茶葉をお茶パック1袋分と塩ひとつまみを追加
（煎茶でも、ほうじ茶でもどうぞ。その日の気分で、味わいが違うから）

白粥と同様の手順で。はじめからお茶パックを加える。

炊きあがったらお茶を取り出して、蓋をして5分蒸らす。

黒ごま粥

もとは黒ごまをすり鉢であたるレシピですが、
わたしはすりごまを使って手軽に作っている。
滋味深く、エネルギーがわいてくるようなお粥。

材料（2人分）
白粥の材料に、黒すりごまを大さじ2と塩ひとつまみを追加

白粥と同様の手順で炊き、10分ほど経ったところで黒すりごまを加えて混ぜ、
さらに10分ほど弱火で炊く。好みで塩をし、火を止めて蓋をして5分蒸らす。

昼の時間

朝ごはんをしっかりと食べるから
昼は軽めで十分だけれど、
食べないと落ち着かない。
忙しくて、うっかり食べそびれると、
夕方頃に気分が落ちる。
三度の飯は必ず食べる。
食事が体の時間軸でもあるから。

ああ、おいしかった。今日のお昼は家ごはん。冷凍してあった酢飯（それしかなかった）を温めて、作りおきのひじきの炒め煮を上にのせる、いただきもののじゃこものせて、さらに白すりごまをふった、粗野なのっけごはん。今日の器は備前の焼き締めの皿。媚びていない感じが気分よし。

食後にお茶を飲みながら、食べ終わった器を早々に洗う。午後からは仕上げなくてはいけない原稿にじっくりと向き合いたいから、お昼はさっさとすませる。家での昼ごはんは、いつもこんな感じ。家にあるものを適当にかけあわせて食べる。なのに食べ終わると「ああ、おいしかった」と思うのは、自分好みの味にまとめるからだろう。

撮影のとき以外は、外出先でも軽めにさくっと。とはいえ、まずいものは嫌。立ち寄れる中で、普通においしいと思えるくらいのもの、好きと思えるものを探す。

好物は立ち食い蕎麦。あの感じが理にかなっていて好み。コロッケかちくわ天をのせた温かい汁そばを。または、車を運転しながらパンをかじるような軽食。大きな声では言えないけれどフライドポテトが大好きで、運転しながら頬ばるのも密かなたのしみ。

これくらいがちょうどいい。

そんな気分が昼ごはんなのだ。

お茶の時間

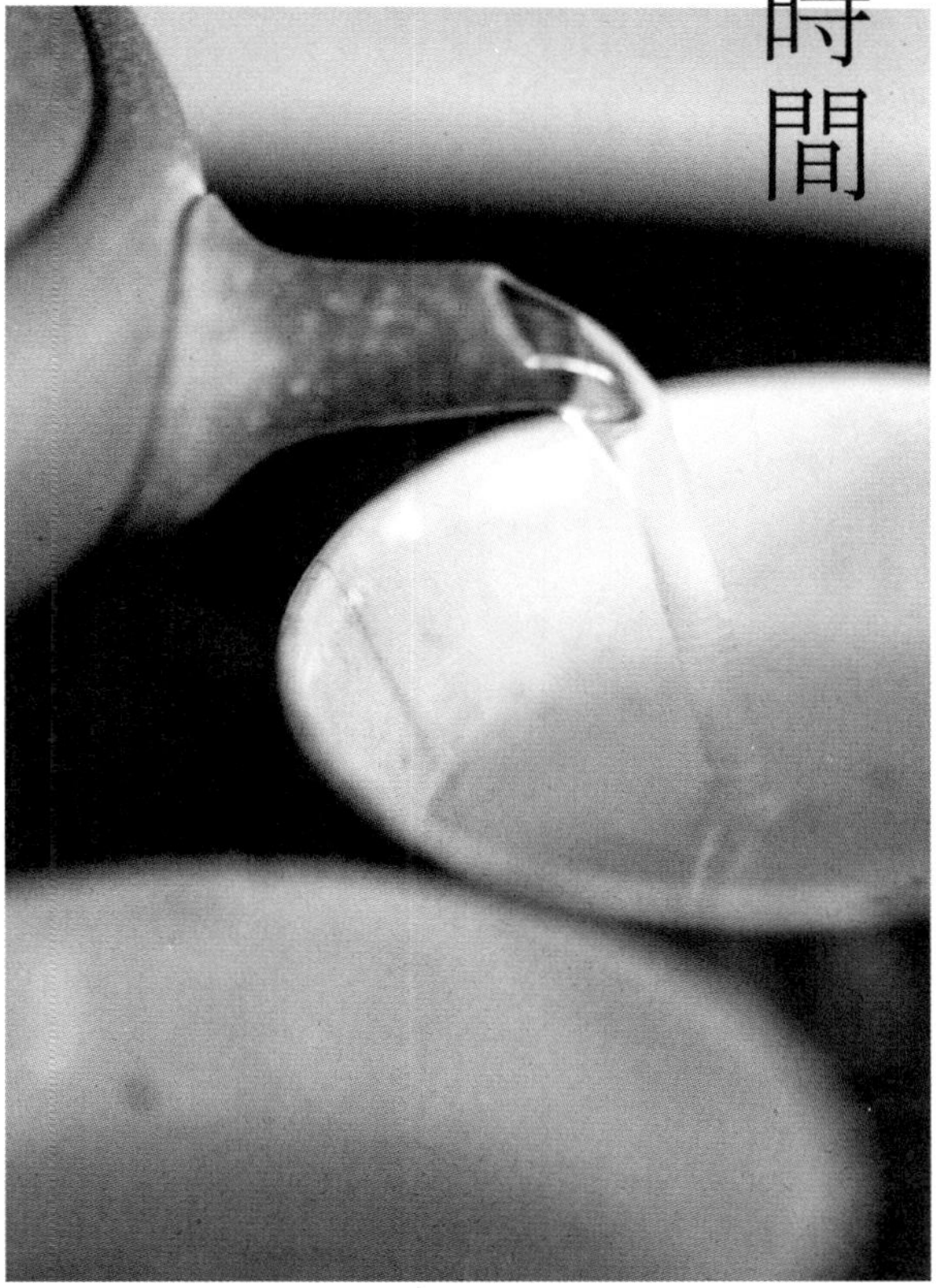

今日のお茶はなににしよう。
紅茶か煎茶、はたまた焙じ茶か。
決まったら、それに似合うお盆を用意する。

いろいろなお茶

コーヒーが長年苦手だった。おいしさがわからなかったというのが正直なところ。香りは好きだけれど、一杯をおいしいと飲み終えることがなかったから、好んで飲むことはなかった。それよりもおいしいと感じる、欲するのはお茶だった。

実家での普段のお茶は焙じ茶で、ほっとする味だった。煎茶は、お客様がいらしたときに母が丁寧に淹れていた。なんだか淹れるのがむずかしそうで敬遠していたし、そのおいしさもいまいちわからなかったが、おいしく淹れてみたいという思いはずっとあった。

ひとり暮らしをはじめた頃からずっと愛飲しているお茶は、静岡県藤枝市の無農薬国産紅茶の五月茶で、焙じ茶に似ていながらも紅茶の味を備えていて飽きがこない。ミルクティーにしてもとてもおいしい。朝一番に飲むお茶は、この五月茶が多い。

いわゆる紅茶全般、その時々に気になったものを求める。特別な指定はないが、季節によって味の変化があるものだから、少量でおいしいものを揃えておきたい。中国茶もしかり。

かつてお茶を扱うプロフェッショナル（京都にある、世界のお茶を扱う「ラ・メランジェ」の松宮美恵さん）と中国の茶畑を訪ねる旅をした。小さな茶畑をまわり、その農家でいただくもてなしのお茶や、当時まだ残っていた江蘇省の胡同《フートン》にあった薄暗くて湯気のあがる小さな店で飲んだお茶の味と空気感、庶民に根付いたお茶をたのしむ風景が忘れられない。いま流行っている、儀式のような茶会に魅力を感じないのは、そのときの素晴らしい思い出があるから。だから自分で淹れる中国茶のたのしみ方は、いたって簡素で我流。茶葉を蒸らしておいしく淹れるくらいの粗野な感じでいいと思っている。

和菓子作りの本に携わってから、しばらく和菓子教室に通っていたことがある。できたてのあんこや丹念に構築されたおいしさを知り、ますます和菓子を好きになった。和菓子づくりの先生でもある金塚晴子さんとはそのときからおつきあいがはじまり、より和菓子が身近なものとなった。お菓子とともに、お茶とのたのしみ方もいろいろと教えてもらう。最近では、お抹茶を気楽にたてて、和菓子といただくことを教わった。おいしい和菓子ほど、お抹茶との相性がいい。手持ちの片口でお抹茶をたてて、小振りのデミタスカップくらいの器でたのしむこともある。

かつて一年と続かなかった茶道劣等生からしたら、見よう見真似でお茶をたてる真似事はちょっとたのしい。午後のひとときに、和菓子とお抹茶をいただくのはとても贅沢な時間だ。最近では最後の締めとして、来客時のデザートにもこんなお抹茶スタイルでもてなすことも多い。

おいしいお茶の淹れ方

あの大きな地震の、数日後の仕事だった。雑誌の企画で、おいしいお煎茶の淹れ方を教えていただくという内容の撮影。スタッフ全員が、心も体もまだ上の空の状態だった。いつまた揺れてもおかしくない状況で、撮影にもなかなか集中できていなかったのだけれど、いつのまにか丁寧に教えてくださる様子を真剣に追っていた。

お湯のシュンシュン沸いている音、注がれる音、茶葉が開いて美しい緑色に変わる様子、茶碗に均等につぐ動き。手渡されたお茶をひと口含んだとき、口の中はやさしい甘さにつつまれて、ふわっと幸福感を感じて、涙がでそうになった。いつしか不安が消えて、とても心穏やかになっていたことに気がついた。

その時間の感動がずっとある。そのときから、おいしいお茶を淹れることが幸せと思える、かけがえのない時間となった。

煎茶を淹れる温度は、たとえ数字で「何度」といわれても、温度計で計るのは無粋である。こういうことはすべて経験からで、失敗しながら体で覚えてゆくことだと思う。

天ぷらを揚げる温度もしかり、いちいち温度計をもって料理するなんてことはしたくない。粉を落としてみてこれくらいであがってきたからいいかなと、その様子を見て自分なりに覚えてきた。失敗することもあるけれど、素人なんだからしょうがないと開き直り、次回への挑戦をたのしみにする。

煎茶を淹れるお湯の温度は、教えていただいたときの一連の動きから学んだ。この手順でやれば、自ずと湯の温度がちょうどいい塩梅となり、おいしく淹れられる環境が整うのだ。

温めた急須に入れた茶葉に、まずは少しの湯をかけてそっと蒸らせば、茶葉はのびのびと葉を開き、エキスを出す体制となる。その手順がおいしさへ繋がると思うとたのしい作業である。おいしさが毎回同じにならないこともまたおもしろい。

紅茶にしても同様、茶葉が十分にエキスを出す、蒸らし時間が大切。俗にいうポット内での茶葉のジャンピングタイムだ。

もしかしてコーヒーも、コーヒー豆に静かに湯を落としている時間がきっと、蒸らしながらおいしいエキスを引き出しているということなのだろう。

そう考えるとご飯炊きも同じように思える。米を研ぎ、ざるにあげてまずは吸水させてから、鍋で浸水させることも大事だけれど、炊きあげてからの蒸らしもとても大切。この蒸らし具合がおいしいご飯の炊きあがりを左右する。

こうして考えていくと、おいしい味を作る作業が繋がっていく。

片口で抹茶をたてて、気軽にたのしむ。

小さい頃から辛党だった。
今でも生醤油のバリンとした堅焼きのおせんべいは大好きだけど、
煎茶を淹れたお茶の時間には登場しない。
気分転換したいとき、心を落ちつけたいときや疲れたときには、
やっぱり甘いものがほしい。きゅっと甘いものを少しだけ。
小皿に小さい羊羹を、さらに角切りにして2、3個がちょうどいい。
ままごと的でなかなかいい感じ、お気に入りのお茶請け。

気分はままごと、道具のこと

子供の頃の遊びは、兄貴にくっついて高い塀をのぼったり（大好きだったなあ）、有栖川公園でのザリガニ釣りだったり。女子のままごと遊びは、なんだか恥ずかしくてやらなかった。なのに今、好んでやっているお茶の時間は、さながらままごとみたいだなあなんて思う。そのお茶にあった自分流のしつらえを、いそいそとセッティングするときがとてもたのしい。

お茶好きだからか、手元には急須や土瓶、ポット類が多く集まった。デザインも大切だけれど、おいしくお茶を淹れるためにストレスがないことが一番。やはり水切れがよいこと、急須の中が清潔に保たれることを考える。まずはこんな基本を押さえた急須をひとつ持っていることが、おいしい煎茶を淹れる近道でもある。わたしの基本としている急須は、陶芸家・水野博司さんの梨皮急須の大平丸。常滑の土をベースにオリジナルの滑らかな土を作り、仕上がりの肌は手触りよく適度なざらつきを感じる、まさに梨皮のような質感。つるりと滑ることなく手におさまり、使うほどにしっとりとした艶が出てくる。蓋の口が大きめなので、茶葉を捨てるのも簡単で乾きも早い。おいしいお茶を淹れるために、細部までこだわり工夫された急須だ。これに合わせる湯こぼしは、陶芸家・村木雄児さんの砂色を含んだ白い片口が定番。茶碗は気分で選ぶが、煎茶の場合、茶碗の中が白いものがいい。美しい煎茶の色も味わいに通じる。

一方、たっぷり飲みたい番茶や焙じ茶は、大きめの急須か土瓶を使う。最近の定番は出西窯の丸紋土瓶。大らかな体に黒い丸紋がなんとも愛嬌がある。煎茶を淹れるときとは、また違う時間が流れる。この土瓶にはやっぱり土ものの大ぶりな茶碗が似合う。昨年骨董市で見つけたフィンランドのアラビア社の古いカップは、大胆な絵柄が面白くてモダン。色合いと肉厚な様子といい、丸紋土瓶と相性よし。自分らしい取り合わせとして、とても気に入っている。

洋風のおいしいお菓子がある日には紅茶。お菓子がない日でも、味自体が好きなので常に数種類の茶葉を常備している。最近では刺激の少ない国産紅茶をベースに飲むことが多いけれど、インドやセイロンの紅茶もほしい。ポットはずっとイギリスのブラウンベティポットが定番。丸紋土瓶とならぶとお茶ファミリーのよう。ティーポットにはティーストレーナーが必要。だいぶ前にロンドンで買ったアンティークのシルバーのものを使っている。デザインはスッキリとしていて好きだし、水切れがとてもいいのでずっと愛用している。このシルバーのやわらかい光とエレガントな感じが紅茶によく似合うと思う。

ひとときの大切な時間には、好みの道具を吟味し自分らしいセットを作ると、よりたのしくて愛おしい時間となる。

MAILLE.
Highest
国産・

こうしてわが家のキッチンの棚には、
さまざまな茶缶とガラス瓶が並んでいる。
この棚はガスレンジのすぐ横にあり、
背後にある棚には急須や土瓶、紅茶用ポットを納めている。
お湯を沸かしはじめたら、
まずお茶を決めて茶缶に手を伸ばし、それ用のポットを取り出す。
今日のお茶に似合うお盆をしつらえ、
そこにポット、碗やカップを置き、お湯が沸くのを待つという流れ。
いつしかできあがった導線にストレスはなく、
日に何度となくこの場所に立つ。
さながらお茶を淹れるためのコックピットのようなものだ。
朝はこの場所からはじまり、夜にもこの場所で締めのお茶を淹れる。
そうして一日が終わる。

日々の器

夜の時間

一日の終わりに

一日の一番のたのしみは晩ごはん。
夫にも言われます、「ずっと食べること考えてるね」と。
あらためてそう言われると恥ずかしくもなるけれど、
いやでも、体の時間軸がもはや
朝、昼、晩ごはんが中心になっていて、
その支柱があってこそ、
ぶれない自分が形成されているように思う。
オーバーに言えば、この三度の食事を
おいしく食べることの出来る心と体があれば、
たのしく生きていけるように思える今日この頃。

その仕事も好きなものであればこれ幸い。
この三度の飯をおいしく食べるために仕事をしていて、
やりがいをもってできるものなら
努力のしがいもあり、疲れがいもある。
だから一日の終わりのごはんが、
「いやあ、今日もおつかれさま、乾杯」のことばで
はじめられると気分がいい。

KLEINKNECHT
Sylvaner

とりあえずのスターター

家にいるときも、仕事から帰宅したせわしないときにも、晩ごはんの支度を一時間かけてするという習慣はなく、だいたい30分ほど前からバタバタとはじめる。そんな中で生まれた、とりあえずのスターターというわが家のシステムは、いわゆる常備しているものを形よく並べて前菜とし、まずは口開けの乾杯をして晩ごはんをはじめようというもの。そんな型を作ると、急の来客にも慌てず騒がず。

日々、食卓にはまず各自の取り皿とカトラリーや箸、グラスをセットする。これだけで「お帰りなさい」や、「いらっしゃい」のウェルカムな気分になる。そしてスターターとして常備しているチーズやサラミ、ドライフルーツやナッツ、ときにはそれ用に作り置くレバーのオイル煮やピクルス、野菜（ありあわせでよし）など、手元にあるものを2〜3品見栄えよく盛りつけ食卓へ運ぶ。器はカッティングボードだったり、大きめの皿だったり、ちょっと遊び心があったりすると気分が盛り上がる。

皿の上をよく見れば簡単なものばかりだけど、待ち時間（実はその準備時間）をたのしいひとときに変える最良の形が、スターターとなった。

白くてやけに細長いオーバル皿

フランスの古い皿。長径が約52cmもあり短径が23cmほどの細長い皿。温かい白色でファイアンスフィヌと呼ばれるもの。陶器でありながら磁器のように薄く、とても軽くて、象牙色の上質な質感の皿。かつては魚料理などを盛るのに使われたのだと思う。皿の周囲は幅広のリムがぐるりとほどこされていて美しいけれど、その一カ所に染みがあったので、わが家でひきとり育てることとなった。まずはこの長さにチーズとサラミ、フルーツの3点盛りをしたら、思っ

レバーのオイル煮

材料（2人分）

鶏レバー	200g
ニンニク	1片
塩	少々
オリーブオイル	150ml くらい

鶏レバーをひと口大に切り分け、水洗いしてキッチンペーパーで水気をとって塩を軽くふる。ニンニクは厚手の輪切りにする。小鍋にレバー、ニンニクを入れ、オリーブオイルを加えて、弱火で静かに10分ほど煮る。冷めたら保存容器に移す。

た以上に映える。次にいろいろな葉ものを合わせたサラダを盛り、上からオリーブオイルを艶やかにかけると、なんとも美しい絵画のようなひと皿になった。

器は使ってこそ！　飾っていてもしょうがないなんて、自分で言っていたものの、こういうことが起きるとますます、頭で考えるよりもまずは使ってみることだと実感する。料理と野菜を盛り合わせてもよし、サンドイッチやおむすびをただ並べただけでも見栄えがする。想像もしていなかった表情がいろいろと生まれて、使うのがたのしくなる器だ。

鍋

初めて買った鍋は、フランス、クーザンス社の直径18㎝の黒の鋳物鍋。当時フランス在住だった料理家、上野万梨子さんの催事にて購入した。優に25年以上前。電気釜は持たずに鍋でお米を炊こうと思っていたので、鋳物鍋は最適だった。ほぼ30年近く鍋でのご飯炊きを続けているが、この鍋が常に基本で、2、3合を炊く。ほかにこの鍋をベースにして、上に木製の中華蒸篭をセットし蒸し鍋としても大活躍。一般的な蒸篭鍋というと打ち出しのアルミ鍋なのだけれど、この黒い鍋との組み合わせが自分流だと思って、かなり気に入っていた。野菜を蒸してそのまま食卓で、という使い方もスタイリッシュでいいと思っている。蒸篭は部分的に焦げてはいるが、針金で修理しては使い続けている。小さめの蒸篭としては未だに現役。

気に入りの土鍋がみつかるまでは、この鍋を湯豆腐やおでんにも活用していた。若い頃は、この鍋ならこんなメニューもむしろ所帯臭くなくていいなんて思っていた。

今でも、少量のフリットや天ぷら用の揚げ鍋として使う。ほかに、重さによる密閉度で大活躍するのは、青菜のオイル蒸しのとき。このサイズなら2人分でも十分。鋳物鍋は重いから、日常的に使うにはこれくらいの大きさが一番重宝すると思う。料理に活用する頻度は一番高い。

食べたいものを

季節や天候、精神状態で、食べたいものも変わる。それによってどんな味、どんなものを欲しているかが見えてくる。

野菜好きにとってみれば、冬なら火を通した温かいものを、夏ならやっぱりムシャムシャと生野菜。暖かくなってくれば酸味のある料理、暑くなれば喉越しのいいもの、寒くなれば体の芯から温まりそうなものを、と思う。

晩ごはんは、手をかけずにささっと作れるくらいがいい。料理を作るぞと気張りすぎるのは苦手だから、出盛りのものを素材の味をいかしてシンプルに仕上げるのが一番と思っている。素材の季節感がわからないとよく聞くけれど、店先に沢山並んでいて鮮度もよく、価格の安定しているものが旬のものとわかる。

　料理本には日頃目を通し、好きそうなものを一度は作ってみると自分の体に入る。そんな引き出しをもっているといい。

　おいしい引き出しをそっと開けてみれば、ウー・ウェンさんの本で覚えた炒めもの。野菜の繊維にそって切る、そらずに断ち切る、斜めに切る、などの切り方で味も食感もかわる。油と塩の話では、塩をしておいたものを炒める、油に塩したものに野菜をいれサッと炒める、炒めてから仕上げに塩をするのでは、それぞれの野菜の旨味、食感もかわるからおもしろい。そんな料理の知識は、知らぬよりも知っておいたほうが役に立つ。

　有元葉子さんの本で知った野菜のオイル蒸しは、野菜を替えて、一年のうち300日は作っているのではないか。この調理方法を知ってから、密閉度の高い鋳物鍋（ル・クルーゼやストーブなど）での蒸し料理のバリエーションが広がり助かっている。

　悲しいかな歳を重ねると、食欲も、欲するものにも変化はでてくる。春先にたっぷり食べたくなる花をつけた青菜類を、さっぱりと食べたいと思えば、たなかれいこさんに教わったシンプルな味、ゆで野菜のオイルと醤油和え。ゆでているからさっぱりとして、うっすらとまとわりつくくらいのオリーブオイルとかすかな醤油味が、オイル蒸しの塩味とはまた違うおいしさを引き出す。旬の魚は塩をふって焼くだけで味わいが増すし、煮る、ソテーするという調理方法で和風にも洋風にもなるから、合わせるお酒を考えるのもまたたのしい。

　こうして体が欲するもの、食べたいものを自分好みの調理と味で食べることが日々の「おいしい」に繋がるのだ。

菜の花のオイル蒸し

材料（2人分）

菜の花	20本くらい
にんにく（好みで）	1片
塩	適宜
オリーブオイル	大さじ2〜3

菜の花をざく切りにし（太い茎は縦割りにする）、
つぶしたにんにくとともに鍋に入れる。
オリーブオイルをまわしかけ、塩をふり、蓋をして弱火にかける。
菜の花がくたっとしてきたら、できあがり。

＊コツを覚えればどんな野菜でもでき、1年中たのしめる。
限りないバリエーションが広がる。

キャロットラペには、木のボウルがよく似合う

最近の晩ごはん

お酒が好きなので、夜はリラックスしてお酒となれば、いつしか晩ごはんは野菜を中心にして、お米を食べることを控えるようになった。歳をとればとるほど、そういう食のバランスは必要だと感じるし、食で体を整えたいと思う。

一日の締めの晩ごはんは心身ともに大切な時間。外食も嫌いではないけれど、続くと気分的にも疲れる。やはりリラックスして食べる家での食事は、それだけで気分がリセットされる。今日の気分で食べたいものを作り、それに似合ったお酒で口開け。なんでもないいつもの料理に少し季節感を取り入れ、ひきたてる器を選ぶ。ぴったりとはまったときには気分も盛り上がり、それだけでおいしさも倍になる。今日あったことを話しながら、次の料理を。盛り上がったところで「じゃあ次は俺が作るか」とシェフ交代となり、それではと次の器を吟味する。即興でできあがったパスタ料理に舌鼓、「ああ、おいしいね、しあわせだあ」。

こんな食事の時間がとても心地よく、明日へのエネルギーになっている。

ひとり用の土鍋

ひとり暮らしのスタート時に、湯豆腐好きとしては土鍋が欲しかったのだけれど、なかなか好きなものが見つけられなかった。いわゆる横に平たいものだと妙に和風を感じすぎて苦手だったのだ。そこで鋳物鍋を使ってはいたものの、やっぱり土鍋でないとおいしそうに見えないものがあると気づいた。ようやく見つけたのが陶芸家・久島豊さんの縦長で縞模様のもの。そのフォルムとこざっぱりさ、土鍋らしい温かみがとても気にいった。ご飯炊き、お粥、もちろん湯豆腐におでん、ひとり鍋としても大活躍した。こちらも未だ健在。最近では朝ごはんにお粥が定番化して加わり、朝の顔として新たな存在感を出している。

働きものの土鍋

大きな、といっても2、3人くらい用の土鍋をずっと探していた。あまりずっしりとしたものではなく、さりとて妙にモダンなものでもなく。数年前に携わった土鍋料理の本作りで、20種類ほどの土鍋を使用した。その結果、一番安心感のある土鍋が伊賀の土楽窯のものだった。土鍋らしいざらつきのある風合いで茶色いおいしそうな釉薬の鍋。

その強度ゆえ、肉焼きもできるし、揚げものもでき、ご飯炊きもとてもおいしく炊きあがる。陶芸家の福森《ふくもり》道歩《みちほ》さん自身が料理人を目指していただけあって、土鍋を使った鍋料理を紹介している。それを読んでますます気に入った。土鍋でグラタン、ワインのお供のアヒージョも作り、まさに一年中働く土鍋としてわが家の一員となった。

晩ごはんのお酒

思いっきりリラックスして、今日のごはんに合ったお酒をまずは一杯。夏ならビール、冷えたロゼ、ハイボール。ときには、夫が腕をふるうカクテルのこともある。去年の夏はブラッディマリーに興じた。

夫婦そろってお酒好きなので、こんな時間が待ち遠しい。ジェントルな年上の友人をもつ夫は、生意気にもBAR文化に詳しい。受け売りで知ったそのたのしさから、ときに帰宅する前に待ち合わせて、一杯立ち寄ることもある。BARと寿司屋は、大人になってよかったとしみじみ思う贅沢な時間である。

普段の食事時のお酒はワインが主流。それもここ数年はナチュラルワインを好んでいる。初めて飲んだ頃にはその風味に驚きもしたけれど、慣れてくるとむしろ、骨格のしっかりしたものよりもするりと体にはいる気がする。最近では、今日の料理は日本酒でなくちゃという日以外は、軽めのデイリーな赤ワインをたのしんでいる。

とはいえ本来、わたしのほうは日本酒好き。20代でお酒のおいしさを知ったきっかけが、日本酒とその肴だった。当時通い詰めた店が自由が丘にあり、後にわたしはその女主人（船田キミヱさん）とケータリングの仕事をすることとなった。彼女の塩梅のいい料理は、今をもって「おいしい味」として記憶に残る。残念ながら船田さんは亡くなってしまったけれど、最初で最後の一冊『酒のさかな』は、お酒を呑みながら聞き書きした思い出深い本であり、未だに重宝する本でもある。日本酒を呑みたくなると、この本を取り出しては船田料理の懐かしさを味わう。

船田さんのたこエシャ

材料（2人分）

たこの足	1〜2本（大きさによる）
エシャレット	4本
レモン汁、酒、しょうゆ	小さじ2
かつお節	少々

たこの足をうす切りに、エシャレットをななめ切りにする。
レモン汁をボウルの中で合わせ、酒としょうゆで味を調える。
最後に細かいかつお節をくわえてサックリと手で和える。

土鍋で煮る、焼く、揚げる。

耐熱皿。素材を並べてオーブンで焼く。それだけ。

片口

日常使いの器は、過剰なものは苦手。むしろ道具としての実用性があるくらいのものが好み。食卓上でも大きめの片口なら鉢代わりに、煮もの、和えものやサラダにも使う。かつて雑器として、道具として使われていた山形の平清水の片口は、ぽってりとした具合と白さが使いやすく、フランスの古い白皿との相性もいい。取り皿として、中国の染付けの皿を合わせてみたりもする。

片口は、もともとは今で言うメジャーカップであり汁次。量が計れる注ぐための道具でもある。一合徳利に、あふれることなくお酒を注ぐことができる。

煎茶を淹れるときには湯こぼしとして使い、さらにその湯を急須へ注ぐ道具にもなる。日本酒なら徳利でというよりも、片口へ移して使うことが多い。ワインならデキャンタ、お酒なら片口でというスタンスで、気楽な感じがいい。お酒の種類によって、季節によっても、陶器の片口、漆の片口を使い分けて楽しんでいる。

漆の器

ひとり暮らしをして、初めて自分のために買った器は漆作家・赤木明登さんの漆椀だった。下地の和紙のテクスチャーを感じるマットな仕上げで、どこか洗いざらしの木綿のような風合いに親近感を覚え、毎日使うことがたのしくてしょうがなかった。味噌汁、粥、お雑煮に、かれこれ20年以上のつきあいとなる。

漆の器こそ、使ってみてそのよさと魅力に触れる。やさしく温かみがあり、そして凛とした緊張感があるのもいい。木製だから重くはなく、塗り直せば新品同様にもなる。だからといって手荒く扱うことなかれ、柔肌はやさしく、人肌と同じように扱うと思えばむずかしくない。

漆入門者には、まずは味噌汁を漆の椀で味わってもらいたいと思う。そこから手に触れ、口に触る感覚を感じてほしい。

椀以外に私が愛用するひとつに、薄手のちょっとモダンな黒の片口がある。こちらも赤木さんのもの。冷えた純米吟醸を入れ、染付けのきりっとした杯を添える。漆作家・矢沢光広さんの朱の片口には、純米酒を。湯豆腐のときのかたわらに、そっと寄り添ってもらいたい温かみのある存在。日本酒をたのしむには、こんな片口の相棒があるとうれしい。

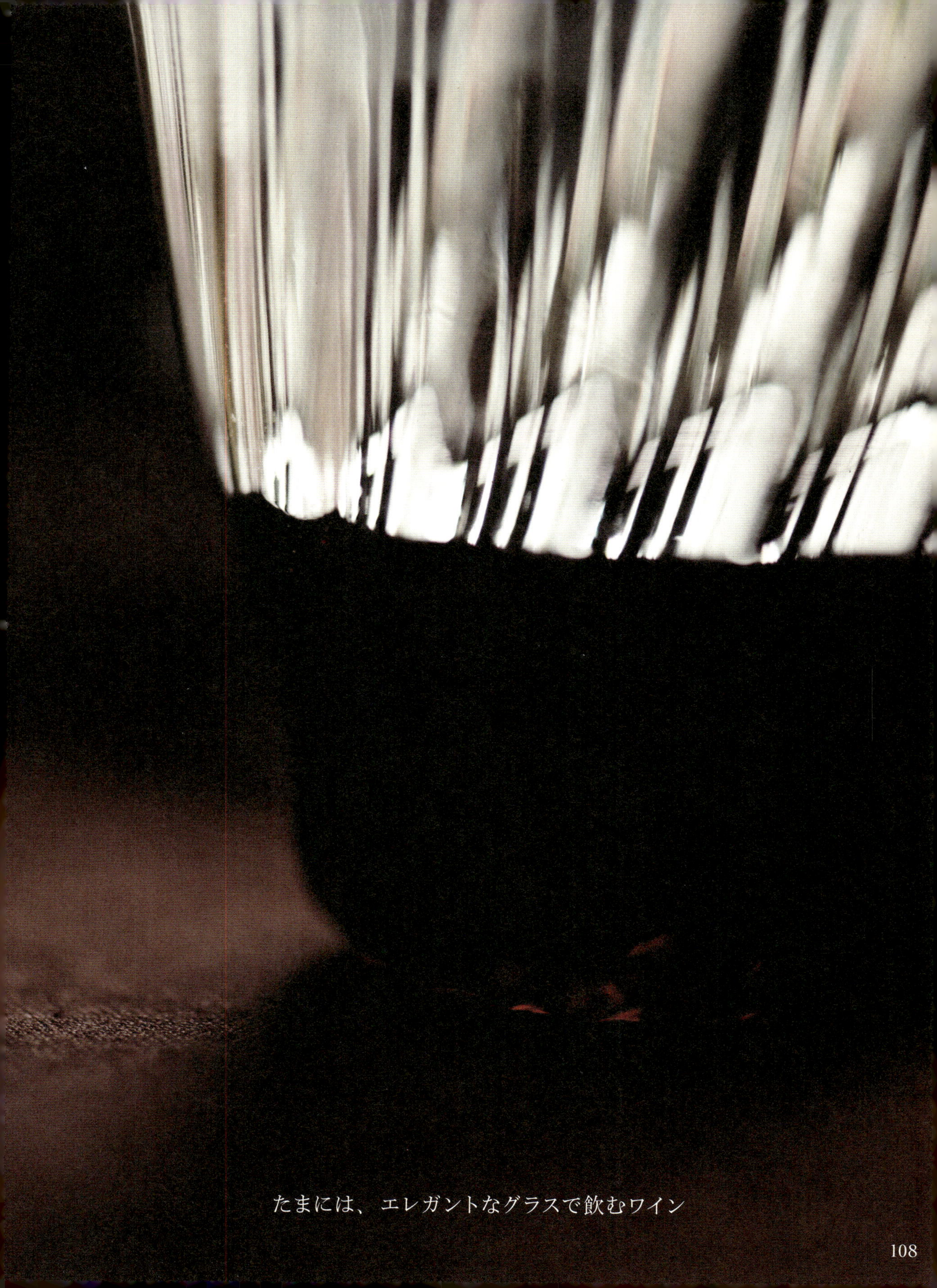

たまには、エレガントなグラスで飲むワイン

かわいげな朱の漆片口

似たもの同士、瀬戸のぐい呑み

BOWMORE
ISLAY
SINGLE MALT
BLACK BOTTLE
BLENDED SCOTCH WHISKY
WOODFORD RESERVE
DRAMBUIE
Glenfarclas
SINGLE MALT SCOTCH WHISKY
12
HEERING
GILBEY'S
VODKA
SUNTORY OLD WHISKY

PAPILIO
CREME

黒磯の時間

2拠点生活のはじまり

日曜日の朝は、6時頃に起きて車で黒磯へ向かう。
家からほど近いところに高速の入口があり、
そこからほぼ2時間で黒磯へ着く。運転は夫。
早朝の骨董市がある日には、まずはそちらへ寄ってからということもある。
「タミゼクロイソ」は13時から18時の営業、月曜日も同様。
2日間開店し、店をやりながらもリラックスした時間を過ごし、
2泊して火曜日の午前中に東京へもどる。
夫はそのまま恵比寿の店へ向かい、わたしは東京での仕事につく。
気がつけばこういう生活も、10年が過ぎた。
「たいへんでしょ」と言われることも多いけれど、
行きたくないと思ったことは一度もない。

寒くて暗い冬の朝の早起きはつらいこともあるけれど、
黒磯の家へ行きたいという気持ちのほうが勝っていた。
きっかけは、夫の故郷でもある黒磯へ行ったときに出会った、
木造平屋の大きな建物。昔はタクシー倉庫だったという
その建物の在り様はとても魅力的で、
中を覗けば使われていない様子。
この地で生まれ、野山をかけ遊び、
川で釣り三昧だった故郷を大切に思う夫と、
若かりし頃に何度も行ったニューヨークの
倉庫暮らしに憧れていたわたしは、
この建物にひと目惚れをした。
「壊されてしまうのなら住んでみたい」と思ったのだ。
そうして東京と黒磯との2拠点生活ははじまった。
内心、こんな50代がはじまるとは思わなかったことに
驚きもし、わくわくもしていたのだった。

ソトンボ

tamiser
kuroiso

黒磯の家づくり

倉庫みたいな、仕切りもなくだだっ広いところに自由に住んでみたいとは思っても、自分たちで実現するのはたいへんなことだ。けれど、そういうことが得意である夫は、そんな建物を生き返らせることに夢中になった。はじめはその空間に居ることがうれしくて、屋根のあるところでキャンプをしているような状態だった。徐々に暮らす形が見えてきた頃から今まで、住みながら形を整えてきたようなものだ。きっとそれが、毎週黒磯の家に行きたいと思う気持ちとなっていたのだと思う。そんなふうに古い家とつきあってきたら、あっという間にたのしい10年が過ぎていた。

2棟続きの広い空間のひとつを、暮らす家として改装したものの、残りのもうひとつの棟はがらんとしていた。何をするでもなく整えてゆくうちに、天井も高く、見上げるだけでも気持ちのいい空間の気分をそのまま伝えるような店を作ろうと決めた。

それが「タミゼクロイソ」のスタートとなる。

住まいとしている棟にも玄関などはなくて、道路に面した大きなガラスばりの重い扉をガラガラと開けて出入りする。一歩入ればそこが生活の場。入ってすぐがキッチン、洗濯機が続く。その向こうに薪ストーブがあり、冬はそのあたりが団らんの場となる。キッチンと並行して、住民2人のわりにはやけに大きくて長いテーブル（3mあまり）があり、天井から吊った間仕切り代わりのクロスのむこうに、もともとここにあった2段ベッドを2セット置いている。友人が来たときには、そこで寄宿舎のようにして休んでもらう。キッチンと背中合わせで、一番よく陽があたる場所をトイレと風呂場にした。外から丸見えの家。夜になったらすべての窓にブラインドをおろして、白い壁となる。

これが黒磯の家の全容。見えっぱなしの

家ではあるけれど、田舎は車が足で、歩いている人があまりいない（びっくりしたけれど）ので、さほど視線は気にならないし、あまりにこちらが堂々と生活しているので、じろじろと見る人はいない。むしろ入口としている道路側のガラス戸の前には横長のベンチを置いているのだけど、朝散歩のおじいちゃんがひょっこりと座っていることもある。こっちも気にしなけりゃ、あっちも気にしない。そんな気楽さもある田舎の生活だ。東京の家では考えられない人との距離感と開放感。

　空間の広さは気持ちにも反映するのだと実感することもある。小さなことでぶつかっていたことも、その嫌悪感が薄まる気がする。どうでもいいやそんなこと、と思えるおおらかな気分になる。快適に暮らすには工夫が必要。考えるのも大切なことだし、結果よしとなれば、なおいいのだ。不便、不自由は新しいことを生むのだと、この家に教わった。

黒磯の冬時間

元タクシー倉庫の木造建築は、昭和6年に建てられたもの。断熱材など入っていない、木の板一枚の建物。夏は暑くて、冬は寒い。何も考えず「住みたい」一心ではじめた生活は、工夫なしではやってゆけない。その工夫の上に快適な生活を成立させるには、完璧は求めず、夏は暑いもの、冬は寒いものとし、あとは着る服の調整と精神でカバーする。けっして負け惜しみではなく、そんなことが当たり前と思える暮らし。

東京の家は集合住宅の中のひとつ、古くて大きな都会のマンションの一室。ずっと居住している方々の熱で、室内はいつも暖かく、暖房をつけたことがない。

黒磯では基本の暖は薪ストーブ、補充に灯油ストーブを使う。光熱費もばかにならないから、東京で使わない分とても助かる。壁も薄けりゃすきま風もたっぷり入るので、夜になりブラインドをおろして、その上から分厚い帆布カーテンで覆うと2、3度は

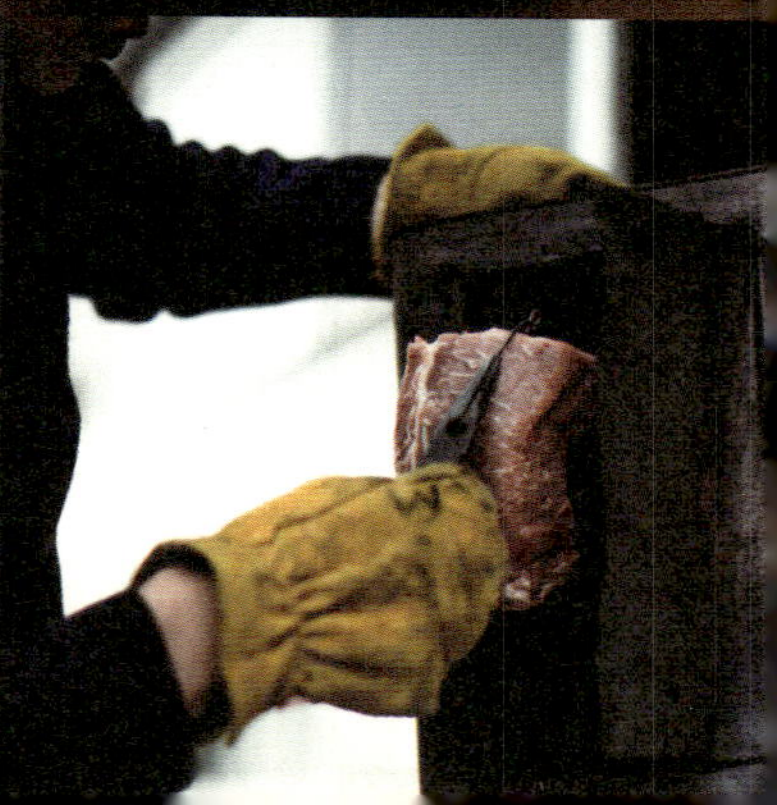

暖かくなってうれしい。さらに、薪ストーブには心癒される。薪が燃えている様や音。その前に居るだけで和む。ほぼ一日中、火は絶やさないので、その熱源を使わない手はない。やかんは常にかけておく。寸胴鍋にすじ肉などを放り込んでじっくりと煮ておき、晩ごはんの支度のついでに野菜を加えておけば、翌朝用のスープとなる。夜はストーブ前のテーブルでワインを呑みはじめる。鋳物鍋にたっぷりの野菜を詰めて、オリーブオイルと塩をしてストーブの上に置けば、ほどなく温かい蒸し野菜ができる。鍋の次に鉄のフライパンが温まったら、肉を焼く。それだけで、できたてのフルコース。あとはチーズを肴に、ワインがすすむ夕べとなる。

　ストーブ前でのゆるゆるごはん。そんな日は、白壁にプロジェクターから映画を大写しにして、具沢山のショートパスタを抱えこむ。こんな過ごし方も黒磯ならではのたのしみである。

寝る前には多めに薪をくべるが、明け方には消えている。先に起きたほうが即座に薪を補充すれば、まだのこっている炭から火がおきる。そしてなにより寒い朝にわざわざ作らなくても、すでに仕込んである温かなスープがあるのはうれしい。歩いて行ける距離に朝8時に焼きたてのパンが買える店があるので、スープとパンの朝ごはんが黒磯での定番となった。

　たまにはパン屋のとなりのカフェで朝食。こちらでは、たまたま会う近所の友人との会話もたのしいひととき。めったに飲まなかったコーヒー、いわゆる今で言うサードウェーブコーヒー（厳選した豆を浅煎りした、さっぱりとした味わい）のおいしさもここで知り、もっぱら黒磯に来たときはコーヒーを味わう時間となっている。

黒磯の夏時間

夏なら道路側の戸を開け放して風を通す。クーラーなどつける術もないこの家では、夏は少しでも風を通して涼しくする。夕方になれば、キッチンに続くあたりの外にバーベキューの台を置き、炭をおこしはじめる。店の閉店と同時に、冷えた白ワインをまずはひと口（暑いときにはそれくらいしたくなる）。新鮮野菜は手軽に手に入るから常備しておき、まずは野菜やチーズで晩ごはんがはじまる。予定などなく、その日の気分で「今晩やるよ」と声がけした近所の友人が、三々五々集まりはじめる。釣りの戦利品があった日には魚を、はたまた肉焼き名人と称する夫の焼く肉料理をたのしみにしているやからも少なくない。釣り同様に外遊びはお手のもの、火をおこすなんて朝飯前、どこでも生きてゆけるだろう術がある。玉ねぎ、トウモロコシは、皮ごと炭のなかへもぐらせて真っ黒に蒸し焼きするおいしさを教わった。小さい頃に父親がやっていたという、炭の上にブリキの一斗缶を置き、蒸し焼きにする「豚のキュルキュル」は抜群においしい。そのネーミングのキュルキュルとはなんぞや、肉が焼けているときに聞こえる一斗缶のなかからの音らしい。肉焼いて10年とは老舗の親父みたいだけれど、これだけいろいろな肉を焼いてきたので、確実に腕はあがっている。

おいしい料理には、おいしいお酒と仲間がいると数倍たのしくなる。飲めない方には申し訳ないが、料理があってこそ、それに似合ったお酒を選んで、飲むことがたのしいのだ。外でのこの炭焼き風景、緑深い草原でもなんでもなくて、黒磯駅にほど近い道路に面した場所である。うちの前といえばそうだけど、庭というには無理があり、むしろいきなり家の前の歩道というような環境だ。ときにはそこへキャンピングテーブルを置き、テーブルクロスを敷いてグラスなどもセッティングする。炭焼きをはじめれば煙もあがり、ウエルカムの印となる。夏になれば、室内にいるよりも涼しいから自ずとこういう形が生まれ、こんな夏の宵を過ごしている。きっと近所のひとには恒例の夏がきたと思われているだろう。

東京の朝ごはん、黒磯の朝ごはん

10年間2拠点生活をしてきて、明確な違いに気づいた。如実なのは朝ごはんの違い。東京は朝定食と称して、基本的には和食が主、次にトースト定食、朝粥となる。定食にともなって、ご飯を炊く、出汁をひく、その匂いも朝を告げる。紅茶を淹れる、卵をゆでる、トーストを焼く匂い。お米から炊く粥の音。その香りと湯気。小さな空間に朝の香りが立ちこめて、心身ともに目覚めてゆく。さあ、おいしいごはんを食べて、今日もがんばろうという気分になる。

黒磯の家では、なぜかご飯を炊いて、出汁をとってという気分にならないから不思議だ。まずは外へ出て深呼吸、今日の山を仰ぎ見る。晴れていれば赤松林を歩く。川沿いの道を散歩したくなる。8時に焼きたてのパンを買って朝ごはんとするか、9時にカフェでの朝食とするかは気分次第、お天気次第。店は13時からなので、午前中の時間はたっぷりとある。仕事する、読書する、ドライブする、新鮮野菜を買い求める、などをして自由に過ごす。

働き方も違えば、生活空間の大きさも違う。靴を脱ぐか履いたままなのかの生活スタイルも違えば、自然も環境も違う。だからこんな2拠点での生活をやってこられたのかもしれない。無理やりメリハリをつけてきたわけではないのに、おもしろいことに食べたいものも、使いたい器も、着たい服も、体の中から欲求が変わる。

黒磯の時間を思う

ただ住みたいという気持ちから、
住んでみて思ったことは、
過疎化による田舎町の衰退。
その昔は那須にある御用邸のおひざもとであり、
登山者が降り立つ地。
東京からほど近い立地で、多くの別荘族が通う
駅だったが、新幹線が停まる駅からはずれた
ことにより人々の足が遠のいた。
わたしが初めて降り立ったその地は、
どこか中途半端な田舎町という印象だった。
寂しくなってしまった町が、
少しでも元気になってゆくといいなと思う。
駅前にわたしたちが居ることによって、

人の流れがすこしでもかかわってくれたらという
思いがあった。誰かがそこにいて、
なにかがあるから人が来る、
自分たちが気持ちいいと思えることを
共有してもらえたら、と。
そんな気持ちではじめた店も10年が経った。
はじめたときには考えてもみなかった
世の中の状況や、そのぶん歳をとった
今の自分と重なり、確実に変化しはじめている。
これからの自分にとって、なにが大切なのか。
この10年がたのしかったと振り返れるように、
これからを考えるとわくわくするようなことを。
時の積み重ねは、次への門を開いてくれていた。

料理のこころ

料理本との出会い

わたしの本棚は、いつしか食べることに関する本でいっぱいになっていました。これは料理本作りを仕事にする以前からのことで、どれだけ〝くいしんぼう〟なんだかというお恥ずかしい話。

もっともきっかけは、母の本棚。実家では台所のとなりに小さな母の部屋があり、そこには足踏みミシンや裁縫道具、雑誌や料理の本、地図、スポーツの本、囲碁、新聞などが所狭しとありました。

その部屋で、母がいてもいなくても、ときには自分の部屋でよりも長い時間を過ごしていました。ミシンを踏んでは翌日学校へ持ってゆく手提げ袋を縫ってみたり、本を読んだり、学校であったことを話したり。わたしが好んで手に取ったのは、料理単行本やら婦人誌付録の料理の本。写真を見るだけでなく、作り方や材料も読んだりしていて、たとえ成人病料理の本であっても「これはさっぱりとしていて、おいしそう」と思ったりしていました。なんでそんな本まであったのかといえば、それは働き盛りの父の体のことを思ってのこと。元気盛りの兄のためにボリュームある料理を、わたしのためにお弁当の本を、などと家族のことを思って作る、日々の料理のための本ばかりだったのでしょう。

そういえば、沢村貞子さんの『わたしの献立日記』に出会ったのもこの部屋でした。それはわたしが30才の頃で、すでに実家を離れて料理の世界に関わりはじめたとき。なんとなく読んだその本は、年老いた夫婦の日々の献立記録を綴ったもの。読み進むうちに引き込まれ、一気に読み終えたときには感動をおぼえたのでした。それは、ずっと読み続ける大切な本となり、後に『ヨーガンレールの社員食堂』という本を作るきっかけにもなりました。

かたわらにいつもある『わたしの献立日記』の本を読んでいたことがうかがえます。歳の頃を思うと、母はわたしとは違う視点でこの本を読んでいたことがうかがえます。

かたわらにいつもある『わたしの献立日記』を開くとき、その時々の年齢に応じて感じるものが違います。記録された献立の向こうには、家族を思う気持ちを。仕事をしながらもきちんと毎日の料理を作る姿勢からは、仕事する女性の生き方を。自分というものさしをもつ大切さ、歳を重ねてゆくことへの覚悟をも感じます。初めて読み終えたときの感動は、それがなにかはわかっていなかったにせよ、日記の中に沢村貞子さん自身の生き方を感じたからだったのではないかと思います。

料理本とよりそう

30才を過ぎてフリーランスとなり、年上の友人とケータリングの仕事をはじめました。料理担当は友人、わたしはテーブルセッティングとしつらえ。とはいえふたりだから、互いにサポートし合います。これがよい経験となり、レシピを読んで料理が浮かぶ、料理の基礎を覚える、料理と器の取り合わせを考える、器の扱いに慣れるなど、知らぬうちに料理と器が身近なものになりました。

そうしているうちに、そのスタイリングを見てスタイリストとしての仕事がくるようになり、結果、料理関係のスタイリストとして独立したのでした。ずっと自分らしい仕事をしたいと求めていた先に料理本のスタイリストがあり、おもしろさとやりがいを感じて、沢山の料理本を作り続けました。そんなときに、ふと立ち止まって思うことがありました。忙しく仕事をしているうちに、料理本を作っている自分が、家で料理をしていないことへの疑問を。自分も料理してこそ、料理の本の必要性もわかるはず。自分自身、日々料理をする一生活者であるべきと。

もう一度ここで「料理本とはなにか」と問い直してみたいと思い、愛され続けている古い料理本を読みはじめました。レシピはどうあるべきか、写真は必要なのか、はたまた料理スタイリングとは。読めば読むほど、みな個性的で、なにを伝えたいのかがよくわかる。文章だけでも作りたくなる本もある。本の主旨によってさまざまではあるけれど、なにを伝えたいのかが、その作り手の思い（愛情）がきちんと伝わる本作りをしたいと、あらためて思ったのでした。

そんな中で、思わず手にとった『料理のこころ』（黒田初子著：昭和29年発行）は、料理家でもあり登山家でもあった著者、黒田さんのくいしんぼうぶりが、わが身に似た匂いを感じて引き込まれました。思わずくすっと笑いがこぼれるような食のエピソードや家庭料理への思いにうなずきながら、時々挿入されている料理レシピに思いをめぐらせます。ページをめくるごとに、料理への、そして食べることへの愛情をたっぷり感じる本。それは表紙の絵とともに、まさにタイトルどおりの「料理のこころ」を感じるものでした。

そう、料理にはこころがある。料理本には、ただのさじ加減だけではない、その料理や味が生まれた理由や意味があり、それを生んだ人の思いと愛情がつまっている。そんなことも思いながら読むと、さらに味わい深いものとなるのです。

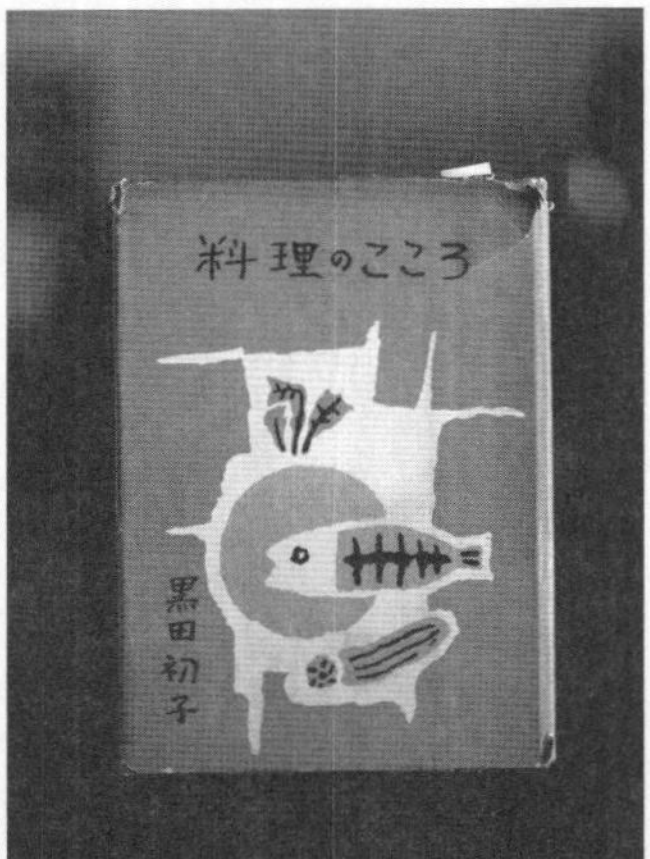

ヨーガン・レールの社員食堂

沢村貞子さんの『わたしの献立日記』を読み、感動したわたし。いつかこんなふうに、淡々と日々を記録した本をつくりたいという気持ちが芽生えていました。

ある手芸の本の撮影中に、かつてその著者が働いていた会社の社員食堂の話になりました。無農薬素材で野菜が中心の社員食堂となれば、行かねばならぬ。古巣探訪という強引なきっかけをつくってもらい、同行しました。想像以上に気持ちのいい空間と環境に、まずは度肝を抜かれ、こういう場所へ来られただけでも幸せだと感じました。

広い窓からは自然光がたっぷりと降りそそぎ、窓辺には木々の緑、その向こうには広い川面が見える。12時になると、各職場からばらばらと社員が集まりはじめ、厨房からカウンター越しに、数種類のおかずを盛り合わせたワンプレートが出される。大きなテーブルには炊きたての玄米と汁もの、漬けものが用意され、各自好みの量を取り分けます。いろいろなサイズの木のテーブルが点在していて、日々好みの場所で食べる。食堂は強制的ではないので、外で食べるもよし、そこで手作り弁当を食べるもよし。そんな自由な空気が流れています。

かつてこの食堂を作ったヨーガン・レールさんに、なぜこの場所に食堂を作ったのかを聞いたとき、「この建物の中で一番気持ちのいい場所だったから」と明解な答え。かつて違う場所に職場があったときは、毎日昼ごはんを求めてさまよい、あげくに酸化したものを食べたことをきっかけに、毎日よい素材でおいしい食事ができる場所を作ろうと思ったそうです。

のちの社屋引っ越しの際に、一番最適な場所に社員食堂を決めたといいます。食材は厳選したものを使うので、無農薬・低農薬はあたりまえのものとし、欲する食材を整理したら野菜中心となったそう。薄手陶器のオーバルプレートには、季節の素材が様々な形で料理され、優に5種類以上は盛られています。どれひとつとってもとんがった味ではなく、素材の味をいかしたやさしい味わいで、ワンプレートの中で不思議とおいしいハーモニーを生みだしています。空間といい料理といい、そのすべてがおいしく調和している心地よさに感動し、これは形に残し、伝えたいと思ったのでした。その思いをヨーガン・レールさんへ伝えると、「あなたの言葉で、いっぱいしゃべりなさい」と言われ、「あなた自身の言葉で思ったことを語れ」と拡大解釈し、ほどなく新年からその記録を撮りはじめたのでした。

食堂のチーフはわたしと同い年の佐藤さん。なんともお母さん的な温かさのある方で、彼女自身も食を大事にした生き方をしてこられた方。家族で沖縄に移住し作物を育てたりもし、この食堂へ入る前は学校給食に携わっていたといいます。何度か通い、その料理を垣間みると、素材を大切にした料理で、くず野菜でとる正直な味のスープストックや、味の構成、毎日の最後に明日のために仕込む大きなぬか床を返す作業などのほか、仕事を終えた厨房の清潔さは、信用できる味を生むのだということを知りました。

この味、この食堂を作る人、そしてそれを大きく支える人と環境、なにが人を育てるのかを、この食堂の記録から語りたい。1年を通じた佐藤さんとの二人三脚。ほぼ毎日の記録写真は佐藤さんの定点撮影。季節の展示会用の特別料理の日はわたし。ときには撮れなかった日もあったけれど、無理もない。こうしてヨーガン・レールの社員食堂の1年間の記録を取って、まとめたのです。

「食堂は自分のため」と、恥ずかしそうに言いながら、作る服は土に帰る素材を使い、そんな服を作る人のために、そしてそういう人から生まれる服を着る人のために。食べること、生活すること、そしてわたしたちみんなが住む地球の環境に対しても、きちんと向き合っていたヨーガン・レールさんでした。

先日、久しぶりに食堂へ行きました。あの心地いい空間の中、いつでも温かく迎えてくれる方々。気持ちのいい光の中で、いい笑顔での昼ごはん。

石垣島に眠るレールさん、おいしい食から確実に美しい人々が育っています。

伝言レシピ

2002年4月に、生活をテーマとする新しい雑誌が生まれました。それまで裏方にいたわたしに、表に出るきっかけを作ってくれた一冊でもありました。

その中で、ひとつ連載枠をいただき、思いついたのが「伝言レシピ」という企画。根がくいしんぼうなわたしのあいさつのひとつは、「最近なにか簡単でおいしいもの作ってる?」と聞くこと。ひとり暮らしをはじめた頃から、そんなことを聞くようになっていました。そうした簡単レシピが引き出しにいっぱいになっていて、自分の生活の中で実際に役立ってもいたので、周りの人へ伝えたいという思いが膨らんでいたのでした。

友人に聞いたレシピを、わたしなりに再現し紹介する。教えてもらったざっくりとした作り方に倣って、試作をし、分量を出し、あらたなレシピを作成して料理撮影をする。隔月刊行の雑誌とはいえ、引き出しの中身はたちまち品薄となり、徐々にまわりの友人へ電話をしたり、FAX(当時はまだ携帯電話は普及していなかった!)攻撃することに。普段は料理家やシェフ、料理人たちと料理本を作るという仕事ですが、そういうプロのラインを外れて、既成概念のない料理というのがとてもおもしろく、さらに回を重ねるごとに聞くようになった、その料理にまつわる話。

たとえば「あなたのスープ料理を教えて」とたずねた際。ガラス作家のピーター・アイビーは、普段は家族のためにごはん作りもしていて、特にクラムチャウダーは得意料理のひとつだと、丁寧に作り方を教えてくれました。そのコメントに、家族のためのスープではあるけれど、実はこれ、ひとりでゆっくり味わいたいんだよね、と。大きな碗に温かなスープをよそい、両手で包み込むように持ち、自分の鼻にスープの湯気を感じながら、香り、温かさ、湿度、おいしさを味わいたいのだと言う。実に彼らしい話に、思わず吹き出してしまいました。同じときに聞いた料理家の細川亜衣さんもまた、野菜のオリーブオイル蒸しを作った際、料理をとりわけた後に鍋底に残ったおいしいエキスを、そっと口に運ぶとき、これが彼女にとっての最高のスープなのだと言いました。これまた彼女らしくて、その様子が目に浮かぶ。

料理は人が作る。特に家庭料理は家族のため自分のためだから、よりストレートにまつわる話がある。料理の向こうには必ず人が居るのです。

通算14年間で、ざっと300点の料理を聞きました。レシピを聞くという行為をつうじて、知らず知らずのうちに、これだけ沢山の人に出会ったんだなという実感があり、あらためて「料理=人」なのだと思える積み重ねだったのでした。

会津田島の祭り料理

年に一度の祭りを、こうして心待ちにするようになって5年になります。ことのはじまりは、鰊《にしん》鉢。好きで集まった古い会津本郷焼の四角い鉢は、会津の郷土料理で知られる「鰊の山椒漬け」を作る器。もともと角物が好きで、なおかつ茶色くておいしそうな釉薬であること、日常的に使われてきた頑強で無骨な佇まいが好みでした。黒磯の家にはいつのまにかそんな鰊鉢が、大、中、小と集まり、キッチン前のアイランドテーブルに並べ置き、カトラリー、箸、ワインオープナーなどの小物入れとして使っています。かつて道具として使われていたから所々欠けもあるけれど、その欠けも危なくないほどにまた使い込まれ研磨されていて、どんな台所で使われていたのだろう、その家の味つけはどんなだったのだろうなどと思いを巡らせていました。そんな思いがわくたびに、本来の鰊鉢とは違う使い方をしていることが気になるようになり、ぜひ一度、鰊鉢で本場の鰊漬けを漬けてみたい、うちの鰊鉢で本来の使い方をしてみたい、という気持ちが大きくなりました。

黒磯の店には、遠路はるばるいろいろなところから来てくださる方が多いので、会話のはじめには、「今日はどちらから?」とたずねます。そこから食の話になったり、さまざまな方向へと話は弾みます。ある日現れた青年に、いつもの質問をすると「会津から」という応え。続けざまに、鰊漬けを食べたことがあるかと聞くと、毎年夏祭りのときに家で作るというではありませんか。すかさず「習いたい、作りたい！」とお願いすると、快諾をいただき、その年の夏には、自分の鰊鉢を抱えて会津田島の祭りに参上したのでした。

念願かなって訪れた「会津田島祇園祭」は、聞けば８００年にもおよぶ歴史のある伝統的な祭り。冬は雪に閉ざされたかのようになる小さな町の、このときだけは必ず帰省するという特別な日。

訪れた彼の家は乾麺屋であり、街道筋に昔ながらの風情ある家を構えています。祭りのときは、街道沿いの家は窓を開け放し、家の中も外も祭り用に飾り付けをし、さながら祭り見物をするお座敷状態となります。三日間の祭りの間は、家の前を通りすがる人のために冷たい飲みものなどをふるまい、夕方になると大きな舞台となる大屋台数台を男衆がひっぱり、町中を移動する。家の前に大屋台が停まれば、屋台上の舞台では子供歌舞伎がはじまり、人力移動する男衆はしばしの休憩となる。彼らを迎え入れ、ねぎらいのおもてなし料理とお酒をふるまうための料理を、祭りのはじまる数日前から各家で準備するのです。

今ではそれぞれでだいぶ違うらしいのですが、この奈良屋（彼の家の屋号）は昔ながらのもてなし料理を大事にしており、その中のひとつに「鰊の山椒漬け」がありました。山に囲まれて海に面していない会津地方の魚は干したものを使うそう。山椒漬けには身欠き鰊、鱈の甘煮には干した棒鱈を。「つゆじ」と呼ばれる具沢山の汁ものの出汁は干し貝柱、昆布は細く切り、できるかぎり小さく美しく結ぶ。こうして手をかけ丁寧に作ることが、おもてなしの心になると奈良屋のお母さんは言います。

祭り料理は三日前から取りかかり、暑いときだから、その煮炊きにも気を使う。奈良屋では普段のキッチンとは別棟に、もうひとつ大きな流しとコンロを揃えた、たたきの台所があります。祭り料理の準備はそこで、家族や親戚、近所の人、そしてわたしたちのような客人も一緒になって、手のあいている者は誰でも手伝い、指揮官はもちろん奈良屋のお母さん。猫の手もかりたいほどだから助かるとは言われながらも、厳しいチェックが入るのです。ただ切ればいいってもんじゃない。大きさを揃えて美しく、材料の下準備はいい加減ではだめ。毎年のことだから、壁にはお母さんによる達筆な指示書が貼られていて、材料を用意する人、切る人、煮る人にわかれて仕事をします。お昼が近くなれば、祭り料理以外の今日のお昼、夜ごはんの準備も並行して行い、お母さんの采配のもと、昼には具材たっぷりの冷やし中華やかき揚げそうめんがふるまわれ、老若男女子供たちも混じって、庭のあちこちで皿を抱えて食べています。

これだけの人の食を三日間仕切る（仕事はそれだけではないのに）お母さんの敏腕はすごい。はじめは鰊漬け見学のつもりが、そのもてなし料理のきめ細かさに魅せられて、いつしかすべての料理に興味津々となり、手伝うことがたのしくなっています。

奈良屋の祭り料理

鱈の甘煮：棒鱈はひと晩水に浸けてもどし、二日間かけ、甘辛く色つやよく煮る。

つゆじ：干し貝柱で出汁をとり薄味で仕上げる。具材だけは用意し、毎朝新しく作る。具材（筍、人参、里芋）は素材によって切り方を変える。昆布は細く切り、小さく形よく結ぶ。豆腐は〝つと豆腐〟として新たに成形する。盛りつけは吹き寄せとなるように、すべての具材をきれいに盛り込む。

鰊の山椒漬け：身欠き鰊をもどして丁寧に下処理し、食べやすい大きさに切る。この時期に採る大きめの山椒の葉をふんだんに使い、醤油と味醂の汁に漬け込む。この味は、それぞれの家で微妙に違う。

凍み豆腐の海老詰め：凍み豆腐をもどし、切り分け、袋状にしておく。海老を処理してすり身にし、いんげんのスライスをまぜ、凍み豆腐に詰める。薄味で煮て味を含ませて、斜め二等分に切る。

ぜんまいの煮物：乾物のぜんまいをもどし、甘辛く煮付ける。

小茄子の漬けもの：塩と少量のザラメ、ミョウバンで色よく仕上げる。

きゅうりの浅漬け：きゅうりをザクザク切って浅漬けにしておく。小茄子とともに、色よく盛る。

奈良屋特製のお赤飯：栗、小豆、花豆入り。

これらを準備し、小皿に盛りつけてお出しする。ビールとお酒も一緒にふるまう。祭りのわくわくした空気の中、いらした方々にたのしんでいただけるよう、精一杯心を込めて。これを三日間繰り返し行う。オーバーに言えば、この三日間のために一年間準備しているようにも思えます。この祭りのために、親戚一同や友達がこの一軒の家に集まる。赤ちゃんからおじいちゃんまで、祭り囃子の中、みんな笑顔でたのしそうにしているのです。そんな笑顔を見に、また今年も祭りに繰り出そうと思います。

鰊鉢から生まれたご縁。くいしんぼうでよかった。

うちのおかず

30年ほど前、料理の本に携わりはじめた頃にいただいた単行本の仕事。料理家の土井勝さんの奥様、信子さんの作る『うちのおかず』という家庭料理の本を12ヶ月で12冊作るというもの。毎月、大阪のご自宅へ伺って撮影をしました。撮影道具はプラスチックのコンテナに、数箱準備して東京から送り、すべて初めてづくしの仕事だったので、この本作りはとても印象的でもありました。

手元にある本のページをめくると、思わず赤面してしまうほどのスタイリングではあるけれど、その料理のひとつひとつをよく覚えています。わたしの差し出す盛りづらそうな器に、アシスタントの方々からの厳しいまなざしが痛かったけれど、信子先生だけは「いやあ、ステキ。やってみようね」といつも前向きに取り上げてくださり、ときにはシンメトリックなモダンな盛りつけを試みたりして、こちらが驚くこともありました。

いつも一生懸命で、元気がよくて、謙虚で、かわいくて、素敵な方でした。思い出すのが、大きなお手洗いが隅々まできれいで、必ず小さな花が活けてある心地いい場所だったこと。仕事を終えると、みんなに持たせてくださる菓子折りを、待ちきれずに新幹線の中で開けると「おつかれさま」の一筆が添えてあり、こういう気持ちを大切にしたいと思ったのでした。

東京育ちのわたしにとって、大阪の家庭料理は目新しいものがたくさんあったけれど、そのどれもが愛情にあふれたお母さんの料理でした。今でも、今日はなにを作ろうかと考えるときに、まず手にとるのはこの本です。その月にその季節の料理本を手にとる。とてもシンプルなことですが、やはり料理の素材に季節はある、その季節を味わいたいと思います。わたしの体には、幸運なことに、母の味とともに、大阪の信子先生の味がしっかりと刻まれています。めったにない取り寄せも、春になると必ずし続けているものがあります。

関東どころか、大阪の方もごく限られた地域の人しか知らないと言われる若ごぼうという、ちょっと見にはフキによく似ている野菜があるのです。これだけは毎年必ず取り寄せて、信子先生のレシピで「若ごぼうの炒め煮」を作るのが、この季節のたのしみ。

大好きな味、大好きな料理。春になると食べたくなる味。

これからも、ずっと。

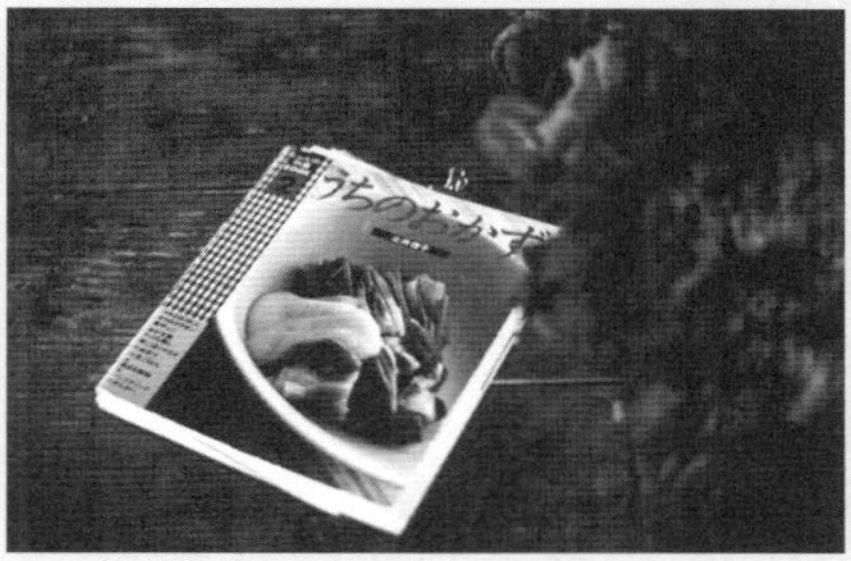

若ごぼうの炒め煮

材料（4人分）

若ごぼう	1束
油揚げ	1枚
こんにゃく	1/2枚
煮干し	ひとつかみ
油（炒め用、私は太白ごま油）	大さじ2
砂糖	大さじ1
しょうゆ	大さじ3
水	1カップ

若ごぼうの葉を切り落とし、根の泥は水で洗い流して、ひげ根は包丁でこそげとる。

茎は4cmくらいに切りわけ、根も4cmに切り、太いところは縦に2つに割る。

油揚げ、こんにゃくは太めのせん切りにする。煮干しは頭とはらわたをとっておく。

鍋に油を入れて熱し、若ごぼう（茎と根）を入れて炒める。油揚げ、こんにゃくも加えて炒める。煮干しを加えて、水を入れる。全体が鮮やかな緑色になってきたら、砂糖を入れて少し煮る。最後にしょうゆを加えて味をととのえる。

＊こそげとる作業は、いらない新聞紙や紙の上などで行うと、飛び散った根などのごみを包み込んで捨てるのにとても便利。信子先生は魚をおろすときにも、同じように紙の上で作業をし、最後は紙でくるんで処理していました。見習うべき処理方法。
＊見た目はフキと似ているが、炒めはじめると、すぐにやわらかくなる。食べる直前に炒めたほうが、鮮やかな緑色が美しい。季節の短い野菜で、春の香りと味をたのしみたい。

おわりに

水が張られてキラキラするする水田の眺め
でこぼこした道を苦手な自転車ではしる
木々の緑が気持ちよくて
遠くを見れば那須山のいただきにはまだ雪が残っているけど
春の気持ちいい陽射しと風に
思わず笑みがこぼれる

ちょっと前、60歳になったときに、予期せぬ戸惑いがおとずれた。
以前ならサクサクできたことが、思うように運ばない、もどかしさが募る日々。
老いるとは、こういうことなんだろうか。
まわりに、いやいや今までが元気すぎたんだよ言われても、慰めにもならない。
もどかしさのなか考えることは、前向きでないことばかり。
こんな自分ではなかったはずと悩んだときに考えたことは、
「そうだ、いつもの自分をとりもどそう」と。

朝起きて窓を開け、部屋に空気を通す。気持ちよさに思わず深呼吸。
湯を沸かしているときの湯気にほっとした。
ご飯を炊き、出汁をとる匂いに食欲がわく。食べて思わず、幸せを感じた。
身についた習慣は自然に体が動く。
体の軸にある食という柱は、いつもの自分を呼びおこしてくれた。
ゆったりとした時間をとり、十分な準備をして前に進もう。
老いを受け入れるとは、こういうことなのかもしれない。
今できることを、自分らしくたのしもうと思う。

「今日はいつも新しい」
50歳の頃に受けた取材で、敬愛する編集者、鈴木るみこさんが
その頃のわたしをそう表現してくれた。

そうだ……今日はいつも新しい。
いつだってそう思える朝を迎えるために、健やかでありたいと思う。
ごはんを作り、食べて、仕事をする。そんな毎日を送り、歳を重ねてゆく。

● 展示のこと

器と食についての表現を、本という形ではなく、
実際に器を並べて手にとってもらって会話をしたいと思い、
2016年、2017年、2018年の３回にわたり「ギャラリー fève」にて展示を企画しました。
器への目的をもっていらした方、吉祥寺散策の方、ギャラリーの下にある
おいしいパン屋目当てでついでに立ち寄った方など、
さまざまな人との出会いは、とても興味深いものでした。
毎回制作したパンフレットの写真とそのメッセージをあらためて見てみると、
今までにうまく言い表せなかった食の気分や感情、生き生きとしている器が
そこにあり、ワクワクしました。たくさんの出会いで得た思いと、
この感動をまとめたものが、今回の本の素となりました。

2016

高橋みどり器店　私がずっと使ってきた器

撮影用にではなく、私が自分の生活の中でずっと使ってきた器、好きな作家にあらたに作っていただいたものや、作り続けられているもの、古いものを一同に並べました。使ってきたからこそ言えること、私にとっての使いやすさは、あなたにとってはどうだろう。あなたの食器棚と相談しながら器をみてみよう。なにかひとつからはじめてみよう。あなたらしい器とは。

イベント：和菓子作家・金塚晴子さんとの「お茶のじかん」

2017

たのしい食卓

自分の暮らしの中で使い続けてきた器や、最近使って重宝している器、食まわりの道具として巡りあった土鍋や耐熱の器、ようやくみつけたお気に入りのペッパーミル、お盆、ジャグなどを揃えました。これがあったら食卓がたのしくなるようなものを。器とは、その食事の時間がたのしくなるためのパーツにすぎない、されどなくてはならないのも器である。

イベント：陶芸家・福森道歩さんの土鍋料理デモンストレーション＋「アヒルストア」のワインバル

2018

漆のある生活

fèveでの3回目となるテーマを考えていたときに、ギャラリーの引田かおりさんから「漆の器、何をどこで買えばいいのかわからない」というお客様の声があると聞き、迷うことなく漆の器をテーマとしました。隠れテーマとして「飯と汁」を思い、まずはお味噌汁を漆の椀で飲むことからはじめてもらおうと思いました。普通のもの、少しモダンなもの、大きめなもの、色も黒、朱、溜塗りと揃え、それにともない飯椀もいろいろと。従来の定番の器にお盆も。定番の器を買い足してくださるリピーターも増えました。

イベント：料理家・有元葉子さんと食についてのお話

ギャラリー fève　東京都武蔵野市吉祥寺本町 2-28-2 2F　www.hikita-feve.com

この人のこの器（展示の参加作家）

浅井 純介	工房の竹林を思う、鮮やかな青織部の器	p.74/78
浅井 庸祐	地道な姿勢から、あじわい深い飯碗	p.45
イイノ ナホ	やさしい笑みと風景の見えるガラス	
伊藤 環	やさしいしゃれ者の作るトースト角皿と柞灰の浅鉢	p.25/95
伊藤 丈浩	丁寧に作られたマーブルの器	p.74
臼田 健二	自分の森の木で作る器	p.91
内田 鋼一	ぶれることのないものづくり、灰かぶりの飯碗	p.32
加藤 財	端正な白急須で中国茶を淹れる	p.58
川合 優	モダンな香りがする、生成りのくりぬきの盆	
喜多村 光史	便利な器は美しい、スープ、パスタに浅鉢の器	p.77
郡司 庸久	個性を押さえたオーバル皿は和に洋にひっぱりだこ	p.76
小林 慎二	オーソドックスという個性の漆椀	p.39
島 るり子	料理上手の手から生まれる粉引と焼きしめの器	p.74/79
新宮 州三	力強くあたたかみのある、くりぬきの盆	
杉田 明彦	好ましいモダンなテクスチャーとフォルムの漆	p.61
高木 克幸	シンプルでとても使いやすい栗の丸盆	
髙橋 禎彦	確かな技術から生まれるエレガントなグラス	p.108
長井 均	ぼくとつとした人から生まれる、美しいあかね色の漆皿	
仁城 義勝	愛すべき実直な木の椀	p.37
花岡 隆	しっかりとしていてやさしい粉引の器	p.79
一柳 京子	美しいフォルムのピッチャーは、たおやかな女性の手から	
広川 絵麻	独特な釉薬の色味が好みの、おおらかな器	p.75
廣政 毅	ひとつは持っていたい紺色のラインの器	p.76
福田 るい	どこか北欧を感じる九州の器	p.78
福永 芳治	真っ黒ではない複雑な黒の魅力ある鉢	p.75
福森 道歩（土楽窯）	料理家でもある作家が作る１年中使いたい土鍋	p.99
藤塚 光男	食卓にひとつ紺色の柄もの	
松岡 ようじ	心和むやさしいラインのガラス	p.76
水野 博司	急須づくり一筋、梨皮急須	p.52
三谷 龍二	ずっと買い足すたのしさ、いろいろな木の小皿	p.78
村木 雄児	変わらぬものづくり、定番の片口いろいろ	p.55/95
村田 森	水色の映える紺白の碗	p.76
矢沢 光弘	ぬくもりのある漆のお盆	p.36
山本 教行（岩井窯）	ずっと作り続けられている頑強な耐熱の器	p.103
吉井 史郎	黒糖のような玄釉、懐の深い器	p.74
Peter Ivy「KOBO」	日常使いのガラスの器、重ねて使う、自在に使う	p.77
Hergen Böttcher	ドイツのシンプルでスタイリッシュなペッパーミル	

高橋みどり　MIDORI TAKAHASHI

スタイリスト。1957年群馬県生まれ、東京育ち。女子美術大学短期大学部で陶芸を専攻後、テキスタイルを学ぶ。大橋歩事務所のスタッフ、ケータリング活動を経て、1987年にフリーで活動をスタート。おもに料理本のスタイリングを手がける。著書に『うちの器』、『伝言レシピ』、『ヨーガンレールの社員食堂』、共著に『毎日つかう漆のうつわ』、『沢村貞子の献立日記』など。スタイリストとしてかかわり、生み出した料理本は100冊以上あり、自身のライフスタイルも雑誌やメディアで紹介されている。栃木県の黒磯にて「タミゼクロイソ」を営む。日、月曜日の週2日営業の店。詳細はantiqes tamiserのHP（http://tamiser.com/）にて。

写真　近藤 篤
デザイン　引田 大（H.D.O.）
編集　村上妃佐子（アノニマ・スタジオ）

おいしい時間

2019年6月17日　初版第1刷発行
2019年8月16日　初版第2刷発行

著者　高橋みどり
発行人　前田哲次
編集人　谷口博文
アノニマ・スタジオ
〒111-0051　東京都台東区蔵前2-14-14 2F
TEL. 03-6699-1064　FAX. 03-6699-1070
発行　KTC中央出版
〒111-0051　東京都台東区蔵前2-14-14 2F
印刷・製本　株式会社八紘美術

ISBN978-4-87758-796-3 C0095

アノニマ・スタジオは、

風や光のささやきに耳をすまし、
暮らしの中の小さな発見を大切にひろい集め、
日々ささやかなよろこびを見つける人と一緒に
本を作ってゆくスタジオです。

遠くに住む友人から届いた手紙のように、
何度も手にとって読み返したくなる本、
その本があるだけで、
自分の部屋があたたかく輝いて思えるような本を。